BÛCHE, NABAB ET PORTIÈRE

BÛCHE, NABAB
ET PORTIÈRE

EXTRAVAGANCE EN UN ACTE

PAR

MM. WILLIAM BUSNACH & HENRY BUGUET

Représentée pour la première fois, à Paris,
sur le Théâtre des Nouveautés, le 5 avril 1867

PARIS
E. DENTU, ÉDITEUR
LIBRAIRE DE LA SOCIÉTÉ DES GENS DE LETTRES
PALAIS-ROYAL, 17 ET 19, GALERIE D'ORLÉANS

1867

A MADAME DUPUIS

TÉMOIGNAGE DE RECONNAISSANCE

W. Busnach, H. Buguet.

PERSONNAGES :

BLANDUREAU, propriétaire............	MM.	Chambrun.
NARCISSE BEAUSOL, pianiste..........		Armand Ben.
CHAVAGNAT, porteur d'eau.......... ..		Jacquier.
MADAME TAUPIER, portière............	Mmes	Dupuis.
PALMYRE, sa fille......................		Coraly.
MADAME CÉLERI, fruitière.............		Antonia.
OCTAVIE, bonne.......................		Eugénie.
MADAME PAIN DE SUCRE, épicière......		Ariane.
MADAME PETIT-SALÉ, charcutière......		Blomester.
UNE VOIX............................	M.	Gustave.

BÛCHE, NABAB ET PORTIÈRE

Le théâtre représente une loge de portière. — Porte de droite donnant sur la cour. — Porte à gauche donnant sur la chambre de la portière. — Au fond un poële, à côté du poële, des bûches. — A droite premier plan, un fauteuil.

SCÈNE PREMIÈRE

CHAVAGNAT, MADAME CÉLERI, OCTAVIE, MADAME PETIT-SALÉ.

Au lever du rideau les femmes se chauffent autour du poële. — Chavagnat, monté sur une chaise, est en train de clouer des rideaux de lit au-dessus de la porte d'entrée.

OCTAVIE.

Mais enfin, monsieur Chavagnat, vous devez bien savoir quelque chose?

MADAME PETIT-SALÉ.

Oui, voyons ! vous faites le discret.

CHAVAGNAT.

Foi d'enfant de l'Auvergne, je ne sais rien du tout. Je vous répète que madame Taupier, qui est ma cousine par les femmes, m'a dit tout à l'heure: Chavagnat, attachez-moi ces rideaux là au-dessus de la porte de ma loge, pour lui-z'-y donner un peu de tournure... Et c'est ce que je fais... mais quant au pourquoi...

MADAME CÉLERI

Oh! cette madame Taupier, toujours des mystères!

OCTAVIE.

Elle me rappelle madame Raclife !...

MADAME PETIT-SALÉ.

Anne Racdif... vous voulez dire !...

OCTAVIE.

Vous croyez... moi j'ai toujours dit madame Raclife... Pas moins vrai qu'elle nous a dit à toutes les trois de nous trouver ici ce soir...

MADAME CÉLERI.

Et qu'elle avait à nous entretenir... Ce qui fait qu'une fois ma fruiterie fermée, je suis accourue.

MADAME PETIT SALÉ.

Moi... ma boutique de charcutière est encore ouverte..., nous fermons si tard, nous autres... mais Joseph est là!...

CHAVAGNAT, riant

Ah!... Joseph... votre garçon... C'est lui qui fait la besogne de confiance, hein, madame Petit-Salé!... (Il rit et se jette par terre. — Les trois femmes poussent un cri.)

OCTAVIE.

Oh! monsieur Chavagnat!...

MADAME PETIT-SALÉ.

Voilà ce que c'est que de dire des méchancetés!...

MADAME CÉLERI.

Vous ne vous êtes pas fait mal ?

CHAVAGNAT.

Non... au contraire.

OCTAVIE.

Ça n'est pas la tête qui a porté !

CHAVAGNAT.

Non! au contraire. (Il se met à rire.) C'est égal... j'en ai vu trente-six chandelles!...

SCÈNE II

LES MÊMES, MADAME PAIN DE SUCRE.

MADAME PAIN DE SUCRE.

Des chandelles... j'en apporte justement une livre... (Regardant son paquet.) Ah! bien, je me suis trompée... c'est de la bougie de l'Etoile.

CHAVAGNAT.

Ah! salut à madame Pain de Sucre... la reine des épicières du faubourg Saint-Antoine.

MADAME PAIN DE SUCRE.

Bonjour, mes petits trognons... ça va bien... maman Taupier n'est pas là?...

CHAVAGNAT.

Non... elle est allée chercher du bois à la cave!

MADAME CÉLERI.

Oh! à la cave!

MADAME PETIT-SALÉ, riant.

A la cave du propriétaire, selon son habitude!...

CHAVAGNAT.

Eh bien!... voulez-vous pas qu'elle l'achète, son bois!...

MADAME PAIN DE SUCRE.

Ah! ma foi... elle a raison, maman Taupier! Quand on possède un propriétaire comme monsieur Blandureau.

MADAME CÉLERI.

C'est pain béni!...

OCTAVIE.

Un ladre premier numéro... qui achète son sucre et son café lui-même.

TOUTES.

Oh! fi! l'horreur!...

MADAME PAIN DE SUCRE, regardant autour d'elle.

Ah! ça mais... dites donc... mazette!... plus que ça d'embellissement!... On va donc gobichonner ici?...

MADAME PETIT-SALÉ.

Nous n'en savons pas plus que vous, ma toute belle!...

MADAME CÉLERI.

Et nous attendons madame Taupier pour savoir!...

CHAVAGNAT.

Ah! ça... mais c'est pas possible... qu'est-ce qu'elle fait donc la cousine Taupier... elle ne peut pas manger son bois!

SCÈNE III

Les Mêmes, MADAME TAUPIER, arrivant avec trois bûches énormes dans les bras.

MADAME TAUPIER.

Eh ben!... de quoi!... de quoi!... la voilà madame Taupier... (Elle jette ses bûches par terre.) Là!... (La plus grosse bûche a roulé juste sur le pied de Chavagnat.)

CHAVAGNAT.

Fichtra de fichtra!...

MADAME TAUPIER.

Est-il maladroit, ce Chavagnat!... il va mettre son pied sous mes bûches...

CHAVAGNAT.

Ah! pardon, cousine... c'est vous qui avez mis vos bûches...

MADAME TAUPIER, serrant les mains aux autres femmes.

C'est bon! c'est bon!.., douillet!... ça vous épargnera une visite chez le pédicure du troisième!...

CHAVAGNAT, riant.

Ah! ah! ah!... cette Taupier... toujours farceuse... C'est égal, ça m'a un peu gêné sur le moment!

MADAME TAUPIER.

Vous avez fini d'arranger les rideaux... hein... ça vous donne tout de suite un petit air boudoir... (Aux femmes.) N'est-ce pas, mes petites chattes?

MADAME PETIT-SALÉ.

Enfin, voyons, madame Taupier... j'espère que vous allez nous apprendre...

MADAME TAUPIER.

En effet, l'instant-z'-est venu de vous instruire... Mais assisez-vous, je vous en prie... Chavagnat.

CHAVAGNAT, étant sorti de scène un peu avant. — Dans la coulisse.

Cousine!...

MADAME TAUPIER.

Ne vous en allez pas... j'aurai encore besoin de vous... pour la soirée. (Tout le monde prend une chaise. — Au moment où Chavagnat va s'asseoir, madame Céleri, sans le voir, lui prend sa chaise et s'asseoit. — Chavagnat tombe par terre.)

CHAVAGNAT, tombant

Fichtra! pas de chance!

OCTAVIE, à Chavagnat.

Vous ne vous êtes pas fait de mal?

CHAVAGNAT.

Non, au contraire! ce n'est pas la tête qui a porté!

MADAME CÉLERI, à Chavagnat.

Vous savez que je ne l'ai pas fait exprès!

CHAVAGNAT.

Il ne manquerait plus que ça!

MADAME TAUPIER.

Corne de bœuf! restez donc un peu tranquille... on n'entend que vous ici... Chavagnat!

CHAVAGNAT, riant et se frottant.

Je voudrais bien la voir à ma place, la cousine.

MADAME CÉLERI.

Voyons, madame Taupier... vous disiez : pour la soirée!...

MADAME PETIT-SALÉ.

Il va donc y avoir une soirée?...

MADAME PAIN DE SUCRE.

Et là ousque?...

MADAME PETIT-SALÉ, avec affectation.

Et là où?...

MADAME PAIN DE SUCRE, à part.

Chipie, va!... (Haut.) Et là où?

MADAME TAUPIER.

Là où... mais ici... chez-moi!... Oui, mes petits amours... ce soir... grand galetas!...

MADAME PAIN DE SUCRE.

J'ai joliment fait d'apporter de la bougie, au lieu de chandelle, alors!...

MADAME TAUPIER.

Bravo!... ça sera encore plus faubourg Saint-Germain! Vous verrez, mes enfants... éclairage à journaux!

MADAMD CÉLERI, à madame Taupier.

Tiens... je croyais qu'on disait : éclairage à Giorno.

MADAME TAUPIER.

Comment? à Giorno!... Je vous demande un peu ce que ça

voudrait dire, à giorno!... tandis qu'éclairage à journaux ça se comprend de reste!...

CHAVAGNAT.

Naturellement!... puisque les journaux sont chargés d'éclairer les populations!...

MADAME TAUPIER.

Tant plus qu'il y a de lumières, tant plus que c'est à journaux!...

OCTAVIE.

Hein!.., comme elle est forte, madame Taupier...

CHAVAGNAT.

On voit bien qu'elle a fait ses études!

MADAME PETIT-SALÉ.

Eh! dites donc... cette fête, en l'honneur de quoi, je vous prie?...

MADAME TAUPIER.

Je ne crois pas devoir vous en faire un mystère... et je vais me dévoiler à vos yeux!...

CHAVAGNAT, pudiquement.

Cousine... il y a un homme!...

MADAME TAUPIER, à Chavagnat.

Chavagnat, taisez donc un peu votre machine à jacasser...

TOUTES, à madame Taupinier. Elles se lèvent toutes.

Voyons!... voyons!...

MADAME TAUPIER.

Mes petits amours, vous connaissez Palmyre, ma fille, l'unique fruit de la tendresse de feu Taupier... mon scélérat d'époux... Ah! Taupier, c'est pas pour dire, mais en voilà un qui a cascadé pendant son existence! et c'est au point que mon cœur de mère en souffre encore aujourd'hui!...

TOUTES.

Comment ça?. .

AIR : *De l'artiste.*

MADAME TAUPIER.

Ah! l' gueusard... j' n'en veux pas médire
Il m'en a fait d' tout's les couleurs!
D' ma jalousie il n' faisait qu' rire
Et s' fichait pas mal de mes pleurs!
Il n'est plus, respect à sa cendre,
Mais il m'a tant trompée... ma foi,
Que j' trembl' toujours qu'on n' vienne m'apprendre
Que ma fille... n'est pas de moi! } *(bis.)*

CHAVAGNAT.

Mais... cousine Taupier... ça me paraît difficile... parce qu'enfin... généralement...

OCTAVIE.

Et alors... pour en revenir à votre petite fête...

MADAME TAUPIER.

C'est juste!... pardonnez-moi... j'errais dans les steppes arides de mes souvenirs!... Je vous disais donc que ma Palmyre est en train d'aller sur ses dix-huit ans... et dame... faudra bientôt penser à son établissement...

CHAVAGNAT.

Dites donc, cousine! j'ai un ami qu'a z'un fond de porteur d'eau z'à vendre!....

MADAME TAUPIER.

Dieu! que vous êtes bête!...

MADAME PETIT-SALÉ.

Ah! bah!... mais je croyais que...

MADAME TAUPIER, *vivement.*

Vous croyez que quoi?... Vous imaginez-vous que je vais

laisser mon enfant s'éloigner du sentier que bordent d'un côté la vertu et de l'autre l'honneur?

MADAME PETIT-SALÉ.

Oh! je ne dis pas ça, madame Taupier...

MADAME CÉLERI.

Et alors, c'est le petit Narcisse Beausol qui...

MADAME TAUPIER, avec dédain.

Narcisse Beausol!... un musicien de deux sous... qui joue du piston les dimanches dans les bastringues!... Ah! madame Céleri. . vous ne le voudriez pas... et je rêve pour mon enfant autre chose qu'un simple pistonnier!...

MADAME PETIT-SALÉ.

Le fait est que ce M. Beausol... il est venu chez moi l'autre matin... il m'a pris un pied...

CHAVAGNAT.

Comment! il vous a pris un pied, madame Petit-Salé?... Ah! oui... un pied de... à la Sainte-Ménéhould... sans doute!

MADAME PETIT-SALÉ.

Et il ne me l'a pas encore payé!...

MADAME CÉLERI.

Oh! les artistes!... ne me parlez pas de cette clientèle-là!...

MADAME PETIT-SALÉ.

Oh!... c'est bien vrai!...

AIR : *Adieu, je vous fuis, bois charmant.*

On a vraiment si peu d' profit
Sans compter mainte duperie,
Qu'on n' devrait pas leur faire crédit.

MADAME TAUPIER.

Surtout dans la charcuterie!
Oui, vous d'vriez avec eux tous
Sur ce point toujours vous débattre

Car les artistes voyez-vous ?...
Laissez leur prendre un pied chez vous...
Ils en auront bientôt pris quatre!

TOUS.

Ils en auront bientôt pris quatre!...

MADAME TAUPIER.

Mais nous bavardons, nous bavardons... et l'heure presse!... Qu'il vous suffise de savoir que mon enfant adorée, ma Palmyre!...

SCÈNE IV

LES MÊMES, PALMYRE.

PALMYRE, entrant par la gauche.

C'est moi, maman... Me trouves-tu bien ainsi?

MADAME TAUPIER.

Tourne-toi... tourne-toi encore... Ah! ça n'est pas étonnant qu'avec cette envergure elle ait fait la conquête d'un nabab!

TOUTES.

D'un nabab?

MADAME TAUPIER.

Oui, mesdames... oui... Et c'est ce soir qu'il va me faire sa demande solennelle... C'est pourquoi que je vous ai convoquées... Mais vous ne savez pas tout!...

MADAME CÉLERI.

Parlez... parlez!...

MADAME TAUPIER.

Eh bien! le nabab, qui est un nabab étranger...

CHAVAGNAT.

Est-ce qu'il est venu pour l'Exposition?...

MADAME TAUPIER.

C'est bien possible.

CHAVAGNAT.

C'est que je lui louerais un coin de ma boutique!

MADAME TAUPIER.

J'espère bien que c'est mon produit qu'il emportera avec lui!... Mais pour cette présentation vous comprenez... Je ne lui ai pas dit encore que la destinée avait oublié de nous faire naître sous des lambris de pourpre et d'or!...

MADAME PETIT-SALÉ.

Ah! bah!... Et alors...

PALMYRE.

Alors, il faut qu'il se croie pour aujourd'hui dans le plus grand monde... J'ai enlevé la planche où il y a écrit :

MADAME TAUPIER.

Parlez t'au portier!...

MADAME CÉLERI.

Ah!... je comprends!... Parfaitement imaginé!...

MADAME TAUPIER.

Et c'est à la comtesse Taupiérino Taupiérini que le nabab présentera ce soir ses hommages... Et pour que la réunion soit un peu moins... non, je veux dire un peu plus... Enfin, mesdames... travestissez-vous un peu pour ce soir.

TOUTES.

Bravo!

PALMYRE.

Chavagnat... vous savez... votre habit est là!...

CHAVAGNAT.

Mon habit de larbin... Bien! je vais venir le mettre!... Ah! mais, sapristi! j'y pense : eh! mais, nom d'une choupière!... et les locataires!

MADAME TAUPIER.

Mon Dieu! qu'il est bête ce Chavagnat!... Vous croyez donc que je n'y ai pas pensé? Ils sont tous rentrés!...

CHAVAGNAT.

Allons donc!... déjà?... Il n'est qu'onze heures et demie.

MADAME TAUPIER.

Oui... je leur z'y ai dit que cette nuit on... (Elle parle bas à Chavagnat.)

CHAVAGNAT, riant.

Ah! ah! Elle est bien bonne, celle-là!...

OCTAVIE.

Mais M. Ducornet... mon maître... il n'est pas encore rentré...

MADAME TAUPIER.

S'il revient quand la petite fête sera commencée, eh bien!... on ne lui ouvrira pas, voilà tout! Faut leur z'y apprendre! Quant au propriétaire, il y a déjà longtemps, j'en suis sûre, que l'orfèvre agite ses pavots sur son front; donc, nous pouvons être tranquilles de ce côté-là... Allons, mes trognons!... Preste! preste!... Et toi, Palmyre, viens me faire belle. Ce soir, je veux qu'on me prenne pour ta sœur cadette!

CHAVAGNAT.

Et rendez vous général dans une heure ici.

ENSEMBLE

AIR : *Buvez donc. (Les canards l'ont bien passée).*

Promptement,
Lestement
Vite, à votre déguisement
Au revoir,
On va voir
A bien s'amuser ce soir.

Tout le monde sort.

SCÈNE V

PALMYRE seule, puis NARCISSE.

MADAME TAUPIER, dans sa chambre.

Viens-tu m'agrafer mon corset, ma chérie?

PALMYRE.

Oui, maman... j'y vais!...

NARCISSE, entrant.

Psst... psst... Palmyre!...

PALMYRE.

Ah! c'est vous, Narcisse!...

NARCISSE.

Ça tient toujours...

PALMYRE, bas.

Oui.. c'est entendu... Allez vite mettre un costume... et revenez.

MADAME TAUPIER, paraissant à la porte et ne voyant pas Narcisse qui se cache. Elle est en camisole.

Eh bien! Palmyre, j'ai failli attendre!

PALMYRE.

J'y vais, maman... (Saluant Narcisse.) A tout à l'heure, nabab.

Elle entre à droite.

SCÈNE VI

NARCISSE, seul.

Mettre un costume... c'est facile à dire... mais... Et de la monnaie! C'est aujourd'hui le quatre, et je ne touche ma pension que le trente et un....

AIR : *De l'apothicaire.*

Si chaque jour était fin du mois!
Voilà qui f'rait bien mon affaire.
Tant je redout' comm' l'autre fois
De danser d'vant la boulangère.
Quel bonheur pour moi mes enfants,
Si d'être caissier j'avais la chance;
Car d'une année d' mes appointements
Je me paierais douz' mois d'avance!

Aucun costumier ne voudra attendre jusque-là! Cest vexant... Tout ça marchait si bien!... La mère Taupier n'y aurait vu que du feu.... Et une fois le contrat signé, quand elle aurait appris que le fameux Nabab, qui était censé avoir vu sa fille dans les chœurs de l'Athénée et en être tombé amoureux, n'était autre que Narcisse Beausol... elle aurait bien crié un peu... mais on l'aurait laissé crier... Ah! sapristi!... pour six francs cinquante que ce costume coûterait... Tiens, au fait... j'ai un de mes amis qui connaît quelqu'un dont le cousin a une montre... En la lui empruntant pour la fourrer au clou... Ah! voilà une bonne idée! Dépêchons-nous... Ah! bah!... après tout...

AIR : *La bonne aventure.*

J' vais m'amuser c'est certain
Comme une bacchante.
Quand j'aurais mis du cousin,
La montr' chez ma tante
Vu que j'ose l'espérer
On voudra bien me prêter

Oui six francs cinquante
Au moins
Sur cette toquante!

Il sort vivement par la porte de gauche. La scène reste vide un instant. On entend la voix de madame Taupier.

MADAME TAUPIER, à sa fille.

Encore une rose dans mes cheveux!... Palmyre... n'aie pas peur... fourres-en encore une!...

SCÈNE VII

BLANDUREAU seul.

Musique de mélodrame à l'orchestre. A ce moment, un monsieur à lunettes d'or paraît à la porte et entre. Il se dirige vers le poêle. Musique pendant toute la scène.

Elle n'est pas là!... Bien!... (Allant regarder les bûches qui sont près du poêle.) Oui... je le reconnais parfaitement... Ça ne m'étonne pas, qu'il disparaisse si vite, mon pauvre bois! Ah! madame Taupier, je vais vous apprendre! (Tirant de sa poche un pétard.) Et avec ce pétard... (Il le met avec les bûches.) Là! ça y est!... Mais j'aimerais à voir par moimême... Au fait... j'y songe... Ce que mon domestique m'a conté... ce nabab!... Du bruit... hâtons-nous... (Il se cache derrière le rideau à l'entrée de Chavagnat, puis il disparaît en faisant un signe de menace.)

SCÈNE VIII

CHAVAGNAT, MADAME TAUPIER, PALMYRE dans la chambre.

CHAVAGNAT.

Cousine... c'est moi... Je suis en avance, mais je suis essoufflé. (Il se jette dans le fauteuil.) Ouf!... (Criant.) Eh! cousine! ousqu'est le costume pour moi?...

MADAME TAUPIER, de sa chambre.

Qui qu'est là?... J'attache mes jarretières et je mets mes diamants!

CHAVAGNAT, se levant et allant à la porte.

Eh! cousine!... mon habit!...

MADAME TAUPIER.

Palmyre!... passes-y son habit .. mais qu'il ne me voie pas... je ne suis pas encore décente!...

PALMYRE.

Tenez... cousin... (Elle entr'ouvre la porte et lui passe un habit rouge.)

CHAVAGNAT.

Merci!... (Il l'endosse.) Il est un peu large... Mais j'aime mes aises, moi! Voyons!... qu'est-ce que j'ai donc fait du curaçao? (Prenant une bouteille dans la poche de son vêtement.) Ah!... Et la brioche?... Eh bien! qu'est-ce que j'ai fait de la brioche? (Il cherche dans sa casquette et en retire une brioche dans un papier.) Ah! bon... la voilà!... (Il place le tout sur la cheminée.) Là!... Eh! cousine! Et mon chapeau? (Palmyre lui passe un chapeau à plumet de la coulisse.) Me voilà en tenue. (Allant à la porte de madame Taupier.) Eh! dites donc... êtes-vous bientôt prête?

MADAME TAUPIER, de sa chambre.

Voilà! voilà!

SCÈNE IX

CHAVAGNAT, MADAME TAUPIER, PALMYRE.

Madame Taupier est en toilette des plus ridicules.

CHAVAGNAT.

Oh! cousine... cousine... que vous êtes belle!

MADAME TAUPIER.

Vous trouvez, mon ami?...

CHAVAGNAT.

AIR :

Que j'aime à voir cette superbe aigrette
Qui s'allie bien avec vos couleurs
Et je me dis devant cette toilette :
Que c'est comme un bouquet de fleurs!

Allons, en chœur, cousine!

TOUS.

Que c'est comme un bouquet de fleurs!

MADAME TAUPIER.

Merci, Chavagnat, j'accepte l'expression naïve de votre admiration! Mais ne flânons pas! nos invités ne vont pas tarder à arriver sans doute... Voyons!.. ah!.. à propos... et les lumières que nous allions oublier.

PALMYRE.

Dépêchons-nous! (Prenant des lanternes dans le bas d'une armoire.) Voici des lanternes!..

MADAME TAUPIER.

C'est ça... mais où allons-nous les accrocher?

CHAVAGNAT.

Ah! fichtra... oui... où diable les accrocher?

MADAME TAUPIER.

Ah! Une idée qui me vient (Prenant un parapluie dans un coin.) Le parapluie de Ducornet qui me l'a laissé ce matin. Ça fera très-bien.

CHAVAGNAT, avec étonnement.

Vous allez allumer ce parapluie?

MADAME TAUPIER.

Est-il bête ce Chavagnat! Tenez! montez sur cette table!.. Elle ouvre le parapluie et le présente à Chavagnat qui est monté sur la table.)

CHAVAGNAT.

Et puis après?

MADAME TAUPIER.

Accrochez-le au plafond... Il y a z'un clou!..

CHAVAGNAT, accrochant le parapluie.

Çà y est!..

MADAME TAUPIER, prenant les lanternes et les accrochant au parapluie.

Là, mainterant... accrochez ça à la baleine.

CHAVAGNAT, avec effroi.

Comment une baleine, ou ça!

MADAME TAUPIER.

Et dire qu'il est mon cousin!.. sa mère aura eu un regard!.. (Elle lui passe sa lumière. Il allume.) Maintenant... voyez un peu 'effet!

CHAVAGNAT, redescendant.

Splendide !.. splendide !..

(A ce moment on frappe à la porte, madame Taupier tire le cordon.)

PALMYRE.

Serait-ce déjà les invités ?

UNE VOIX, au dehors.

Madame Taupier ?

PALMYRE.

Ah ! c'est M. Ducornet.

MADAME TAUPIER, à Chavagnat.

Corne de bœuf ! empêchez-le d'entrer !

Chavagnat se met devant la porte et étend les bras.

LA VOIX, en dehors.

Madame Taupier n'est pas là ?

CHAVAGNAT.

Non, monsieur, elle est couchée. Je garde la loge !..

LA VOIX.

C'est pour mon parapluie... Je voudrais bien avoir mon parapluie !

CHAVAGNAT.

Il est éclairé !.. C'est-à-dire... non !.. Je ne sais pas où il est... On vous le donnera demain.

LA VOIX.

Bien ! Je vais me coucher alors... Est-ce que ma femme est rentrée ?

CHAVAGNAT.

Oui, avec son cousin !

LA VOIX.

Tant mieux... tant mieux !.. Elle s'ennuie moins que quand elle est seule !

PALMYRE.

Il monte chez lui !

PALMYRE, MADAME TAUPIER ET CHAVAGNAT, ensemble.

Nous sommes sauvés !

MADAME TAUPIER.

Merci, mon Dieu ! Chavagnat, allez ouvrir la porte... de façon à ce que je n'aie pas à tirer le cordon devant le Nabab, ce qui pourrait lui inspirer des soupçons.

PALMYRE, à part.

Pourvu que Narcisse ne tarde pas trop !

CHAVAGNAT, revenant.

Ah ! cousine... apprêtez-vous, je crois que le voilà !..

MADAME TAUPIER.

Le Nabab !.. En effet... un fiacre s'arrête à la porte... Un cheval blanc !.. c'est lui !.. Ah ! quelle émotion... Palmyre... voyons, ta boucle ! très-bien... Et moi il ne me manque rien... Allons ! tant mieux... (Elle embrasse Palmyre.) Ma fille... embrasse-moi !.. Et n'oublie jamais que sans ta mère, tu n'existerais probablement pas !

PALMYRE.

Oui, maman !..

MADAME TAUPIER.

Et du décorum, Palmyre... du décorum !.. Et des poses naturelles !

SCÈNE X

CHAVAGNAT, BLONDUREAU, PALMYRE, MADAME TAUPIER.

CHAVAGNAT, annonçant.

Le Nabab d'Inde !

Blandureau paraît; il est en costume de prince indien grotesque avec des anneaux dans le nez.

PALMYRE ET MADAME TAUPIER.

Air : *Reine Topaze.*

Saluons le prince,
Qui s'il n'est pas mince
Est en vérité
Plein de majesté.
(A part.) Qu'ell' caricature!
Il a la figure
D'un marron sculpté.
Ah! ah! ah!
(Haut.) Seigneur! quelle gracieuseté!

PALMYRE, à part.

Est-il vilain comme ça, Narcisse.

MADAME TAUPIER.

Nabab, permettez-moi de vous remercier de l'honneur que votre seigneurie, dans sa sérénité, daigne faire à la sincérité du dévouement avec lequel j'ai l'honneur d'être votre très-humble et très-obéissante servante, ouf!

CHAVAGNAT.

Que c'est beau! on dirait qu'elle signe une lettre.

BLANDUREAU.

Bon, bien! Moi satisfait de réception à vous... (Palmyre avance un siége à Blandureau.)

PALMYRE, bas à Blandureau.

Êtes-vous laid comme ça!..

BLANDUREAU, à part.

Hein ?

PALMYRE, à Blandureau.

Mais c'est que je ne vous reconnais pas du tout.

BLANDUREAU, à part.

Je l'espère bien !

MADAME TAUPIER, qui est allée à la porte.

Eh bien ! Mais les autres n'arrivent donc pas!... Ah ! les voici... (Elle revient près du prince.)

CHAVAGNAT.

Comtesse... c'est tout le monde !

MADAME TAUPIER, allant comme pour tirer le cordon.

Oh ! (à Chavagnat.) Faites entrer.

SCÈNE XI

LES MÊMES, MADAME PAIN-DE-SUCRE, MADAME CÉLERI, OCTAVIE, MADAME PETIT-SALÉ.

Les quatre femmes sont en toilette grotesque.

CHOEUR DES INVITÉES.

AIR : *Quand on entend dedans la plaine.*

Du plaisir et de l'allégresse,
L'heure enfin vient donc pour nous de sonner.
Dans les salons de la comtesse
Ce soir on va gobichonner.

MADAME TAUPIER.

Nabab ! permettez-moi de vous présenter ces dames... La

duchesse de Montemayor, la comtesse de Monte-Christo, la baronne de Montée... en épingle, la duchesse de Monté... à l'assaut ! (Blandureau a gracieusement salué chacune des personnes que madame Taupier lui présentait.)

BLANDUREAU.

Mesdames... Moi très-ravi... Belle société... Monde chic !

MADAME PETIT-SALÉ.

Oh ! Nabab ! Mais au fait... maintenant que nous voilà amis comme...

MADAME TAUPIER, vivement.

Comme si nous nous connaissions depuis longtemps ! Elle m'a fait peur, la charcutière !

MADAME PETIT-SALÉ.

C'est ce que je voulais dire.

MADAME CÉLERI.

Mais j'espère que l'on va rigoler un peu, hein ?

TOUTES LES FEMMES.

Ah ! oui.

BLANDUREAU.

Rigoler ?

MADAME TAUPIER, au prince.

Rigoler... s'amuser... batifoler... C'est une expression qui ne s'emploie que dans la société la plus choisie.

BLANDUREAU.

Ah !... moi bien vouloir rigoler... (A part.) Tout à l'heure, surtout !

MADAME TAUPIER.

Bravo, Nabab, c'est très-bien... et nous allons nous amuser comme des petites folles ! Mais... voyons... par quoi allons nous commencer la petite fête ?

CHAVAGNAT.

Si l'on buvait quelque chose, hein, cousine... non... hein, comtesse !

MADAME TAUPIER.

Tout à l'heure, Auguste, tout à l'heure.

CHAVAGNAT, bas.

Dites donc, cousine... on n'attend plus personne, hein... Je vais fermer la grande porte.

MADAME TAUPIER, bas.

Va donc ! (Haut.) Voyons... Ah ! si Palmyre nous chantait quelque chose...

TOUTES LES FEMMES.

Ah ! oui, oui.

PALMYRE.

Oh ! maman... y penses-tu ?

MADAME TAUPIER.

Voyons, Palmyre... ne fais pas l'enfant... ça n'est pas le moment.

PALMYRE.

Mais, maman... je ne sais rien.

MADAME TAUPIER.

Ce que tu jouais l'autre jour sur le piano du proprié... de ton professeur !

PALMYRE.

Mais, maman, c'est un nocturne.

MADAME TAUPIER.

Un nocturne... Eh bien... Est-ce que nous ne sommes pas la nuit ?

MADAME CÉLERI.

Mais, est-ce que vous ne savez pas la chansonnette qui se chante en ce moment au Cheval-Blanc ?

MADAME TAUPIER.

Ah ! oui... c'est juste... *la Cassette à Malvina.* (A Blandureau.) Tout ce qu'il y a de plus nouveau ! Mais je la sais, moi !

TOUS.

Oh! madame Taupier!...

MADAME TAUPIER.

Allons! j'y vas de ma cassette!

AIR NOUVEAU · *De M. Boullard.*

1

On pourrait aller jusqu'en Chine,
Jamais on ne rencontrera
Fillette à plus accorte mine
Que la petite Malvina.
Économe, et fort peu coquette
Elle possède à ce qu'on dit
Une gracieuse cassette
Qui petit à petit s'emplit.
Ah! ah!
Et chacun veut mettre, oui dà,
Dans la cassette à Malvina.

REPRISE EN CHŒUR.

Et chacun veut mettre, oui dà,
Dans la cassette à Malvina.

BLANDUREAU.

Bien! moi satisfait beaucoup.

MADAME TAUPIER.

Ah! ma fille! ta mère est une bienheureuse mère! Au second couplet.

II

Maint'nant elle joue la comédie,
Malvina, ce gentil trognon;
Et je vous jur' qu'elle est ravie
De sa nouvelle position;
Car chaq' soir quelle allégresse!
Elle met de l'argent d' côté.
Grâce-z-aux auteurs de la pièce
Qui s'écrient d'un air enchanté!
Ah! ah! ah!
Oui vraiment, c'est à qui mettra
Dans la cassette à Malvina.

BLANDUREAU.

Oh! bravo! bravo!

MADAME TAUPIER.

Et maintenant... je crois qu'un léger quadrille...

BLANDUREAU.

Quadrille! Qu'est-ce que c'est ça, quadrille?

MADAME TAUPIER, à part.

Il ne sait donc rien... ce singe-là! Ah! Palmyre va avoir bien des choses à lui apprendre! (Haut.) Quadrille, danser! gigotter!

BLANDUREAU.

Moi, bien vouloir! moi, gigotter avec pleine lune de mon âme!

MADAME TAUPIER.

Il appelle Palmyre pleine lune! Ah! ces sauvages sont d'une perspicacité! Vite! en place pour la contredanse.

QUADRILLE. Après la première figure et pendant que le quadrille continue.

MADAME TAUPIER.

A vous à me faire vis à vis, Nabab... Vous, servir de cavalier à moi!

BLANDUREAU.

Moi cavalier... jamais... Vous pas cheval! moi pas cavalier!

MADAME TAUPIER.

Ah! ah! ah! très-drôle!... Le Nabab qui fait des calembours! Ah! mes enfants... (A ce moment on entend sonner très-vivement.)

MADAME TAUPIER, dansant toujours.

Ah! mon Dieu, qui vient là... Allez voir, Chavagnat.

CHAVAGNAT.

Oui, cousine... (Il s'esquive.)

PALMYRE, dansant.

Qui ça peut-il être ?

MADAME TAUPIER, dansant.

Tous les locataires sont rentrés, cependant.

CHAVAGNAT, bas à madame Taupier.

Comtesse!... cousine, c'est encore le Nabab.

MADAME TAUPIER.

Comment le Nabab... Mais il est là!...

PALMYRE.

Qu'est-ce qu'il raconte?

MADAME TAUPIER, bas.

Ah! ça, Palmyre... qu'est-ce que ça veut dire?

PALMYRE.

Mais, maman... je ne sais pas. (A Narcisse.) Comment ça se fait-il ?...

MADAME TAUPIER.

Faites tout de même entrer... il n'y a jamais trop de nababs chez moi!

CHAVAGNAT, annonçant.

Le Nabab!

SCÈNE XII

LES MÊMES, NARCISSE BEAUSOL.

Narcisse Beausol paraît en costume de sauvage et s'arrête stupéfait à la vue de Blandureau.

MADAME TAUPIER.

AIR : *J'ai traversé le Canada.*

Jamais l'on n'a vu, c'est certain
Même à la Porte-Saint-Martin
Aventure plus incroyable
C'est invraisemblable
Et c'est bien
Le cas n'y comprenant plus rien
De donner notre langue au chien !

REPRISE EN CHOEUR.

MADAME TAUPIER.

Voyons... voyons... qu'est-ce que tout cela signifie?...

BLANDUREAU ET NARCISSE.

Ils se regardent tous les deux d'un air étonné et disent ensemble.

Ah ! ça... mais il y avait donc un prince pour de vrai !

NARCISSE, chantant.

Il faut me céder votre place ou renoncer à son amour.

BLANDUREAU, chantant.

Pourquoi lui céderais-je ma place? Qu'est-ce qu'il m'chante avec son amour ?

CHAVAGNAT, à part.

Il me semble que ça a jeté un froid .. Je vais mettre du bois dans le poêle !

MADAME TAUPIER.

Voyons, prince ! expliquez-vous ! Palmyre... où est ton Nabab... où plutôt quel est le Nabab qui n'est pas le Nabab ?

PALMYRE.

Mais, maman !

A ce moment une détonation épouvantable se fait entendre. Le poêle vole en éclat. Chavagnat se trouve lancé en l'air et retombe par terre au milieu du théâtre.

TOUS, poussant un cri.

Ah !

CHAVAGNAT, par terre.

Pas de chance !

MADAME TAUPIER.

Qu'est-ce qui a donc fourré des artifices dans mon poêle.

BLANDUREAU, ôtant vivement sa perruque, ses anneaux et son faux nez.

Moi !

MADAME TAUPIER.

Ciel !.... monsieur Blandureau.

TOUS, moins Narcisse.

Le propriétaire !

PALMYRE.

Nous voilà gentils !

MADAME TAUPIER.

Alors c'était vous qui aviez mis .. dans ces bûches... Quel éclat !...

BLANDUREAU.

Et dès demain... vous quitterez cette loge, votre cœur n'en est plus digne !

MADAME TAUPIER.

Ah! voilà le coup vulgairement appelé du lapin! (Elle manque de s'évanouir.) Ah! je vous en supplie, grâce, monsieur Blandureau... je ne le ferai plus... je vous le jure sur vos cheveux blancs! Ah! (Regardant autour d'elle.) A genoux, mes enfants, et implorons-le tous sur un air pathétique et attendrissant, Palmyre... donne le la...

PALMYRE.

La...

TOUS.

La!

MADAME TAUPIER.

Là, ça y est... (Tout le monde se jette à genoux autour de Blandureau et l'on chante sans accompagnement à l'orchestre.)

CHOEUR.

Air : *Noel d'Adam.*

O Blandureau, digne propriétaire
Que nos accents s'élèvent jusqu'à toi!
Tu vois nos fronts courbés dans la poussière
Prends ici-pi...

BLANDUREAU.

Assez.

TOUS, reprenant.

Prends ici pi...

BLANDUREAU.

Assez! rien ne pourra m'attendrir.

MADAME TAUPIER.

Vrai! eh bien, relevons nous alors, mes enfants, et n'en parlons plus... Je me ferai ouvreuse au théâtre International, et je donnerai des petits bancs dans toutes les langues! mais, j'y songe... et cet autre Nabab... quel est-il donc?

NARCISSE, retirant son faux-nez.

Narcisse Beausol... qui aime votre fille... et qui...

BLANDUREAU, tressaillant.

Narcisse Beausol, avez-vous dit! Ah! (Il manque de s'évanouir.) — Musique à l'orchestre.)

TOUS.

Qu'y a-t-il?

BLANDUREAU.

Attendez... votre mère ne s'appelait-elle pas Caroline Ducorbeau?

NARCISSE.

Non! Amanda Durenard!

BLANDUREAU.

C'est bien cela! Et vous, n'avez-vous pas au-dessous du sein droit...

NARCISSE.

Gauche.

BLANDUREAU.

Oui... une fraise?

NARCISSE.

Non... une groseille!...

MADAME TAUPIER.

Ah! ils me glacent.

BLANDUREAU.

C'est bien cela... cette fraise... cette groseille... tu es mon fruit.

TOUS.

Ciel!

BLANDUREAU.

Dans mes bras, Narcisse!

NARCISSE, se jettant dans ses bras

Ah! mon père!

MADAME TAUPIER.

Tableau!

PALMYRE.

Adieu, mes rêves...

NARCISSE.

Oh! ne crains rien, Palmyre... je t'épouserai tout de même, va!

MADAME TAUPIER.

Mais alors... pardon général, n'est pas?

BLANDUREAU.

Je ne puis plus refuser, car les grandes et nobles âmes ont cela de particulier que les élans du bonheur et de...

MADAME TAUPIER, lui tapant sur le ventre.

Assez! vous nous direz ça à la mairie... et en place pour le requadrille.

CHAVAGNAT.

Air : *Mon cousin le Canotier.*

Cette cascade insensée
Qui prouve un fort hanneton
Un beau matin fut trouvée
Aux environs de Charenton.

MADAME TAUPIER.

Les auteurs y sont, je gage
Depuis fort longtemps déjà
Fait's un succès à l'ouvrage
P' être que ça les guérira.

Reprise en chœur des quatre derniers vers.

Le rideau baisse.

FIN

POISSY. — TYP. ET STÉR. DE AUG. BOURET.

www.ingramcontent.com/pod-product-compliance
Lightning Source LLC
LaVergne TN
LVHW020306230826
846091LV00006B/2554
* 9 7 8 2 3 2 9 4 0 8 6 7 5 *